はじめに

バスティン・クラシックメロディ（WP72J）は、日本語タイトル：クラシックメロディーの楽しみ（WP72）の日本語版です。

有名なオペラ、交響曲、ピアノ作品などを初心者向きに、特別に編曲した小曲集です。ごく初級のレベルでは、先生と連弾を楽しむための曲も多く含まれています。この曲集は、バスティン・ピアノベーシックスシリーズの内容と一致するように作られていますが、他のどんな初心者用メソードとも併用できます。また、導入初期からオペラ曲や交響曲に手軽に触れられる曲集としてお薦めです。

特に、ウィリアムテル序曲（プリマー）、歓びの歌（レベル1）、エリーゼのために（レベル2）、ウィーンの森の物語（レベル3）、白鳥の湖（レベル4）などの名曲を楽しむことができます。

この曲集の関連の楽譜

主教材：バスティン・ピアノベーシックス
ピアノ　プリマー（WP200J）
セオリー　プリマー（WP205J）
パフォーマンス　プリマー（WP210J）
テクニック　プリマー（WP215J）

補助教材：
バスティン・レッスン・ダイアリー（GP16J）
フラッシュカード（GP27J）　など

数こなし式 サプリメンタリー：
コラージュ・オブ・ソロ1（WP401）
デビュー・フォー・ユー1（WP265）
ピアノ リサイタル ソロ　プリマー（WP64）
バスティン クリスマスソング プリマー（WP220）など

数こなし式サプリメンタリーについて

主教材と同じレベル、または易しいレベルの曲を数多く弾かせることで、生徒に達成感を与えながら自然と読譜力がつき、初見もできるようになる指導が、「数こなし式」指導法です。

「数こなし式サプリメンタリー」とは、数こなしに最適な併用曲集の総称です。

発行日：2011年　3月17日　日本語版　初　版
2022年10月26日　日本語版　第2版（第1刷）

目 次

カンカン (オペレッタ『天国と地獄』より)	J. オッフェンバック	5
愛の夢	F. リスト	6
スランバー ソング (オペラ『ヘンゼルとグレーテル』より)	E. フンパーディング	8
交響曲第1番	J. ブラームス	9
メリー ウィドー ワルツ (オペレッタ『メリー ウィドー』より)	F. レハール	10
別れの曲	F. ショパン	12
ウィリアム テル序曲	G. ロッシーニ	13
エジプトの踊り (オペラ『サムソンとデリラ』より)	C. サン＝サーンス	14
ト長調のメヌエット	J. S. バッハ	16
びっくりシンフォニーのテーマ	J. ハイドン	17
トルコ行進曲	L. v. ベートーヴェン	18
幻想即興曲	F. ショパン	20
婚礼の合唱 (オペラ『ローエングリン』より)	R. ワーグナー	21
歌の翼に	F. メンデルスゾーン	22
メロディ	A. ルービンシュタイン	24

ISBN 0-8497-5127-6

©**1981, 2011 Kjos West**, 4380 Jutland Drive, San Diego, California 92117.
International copyright secured. All rights reserved.

カンカン
（オペレッタ『天国と地獄』より）

Can Can (from the operetta "Orpheus in the Underworld")

ジャック・オッフェンバック
編曲：ジェームズ・バスティン

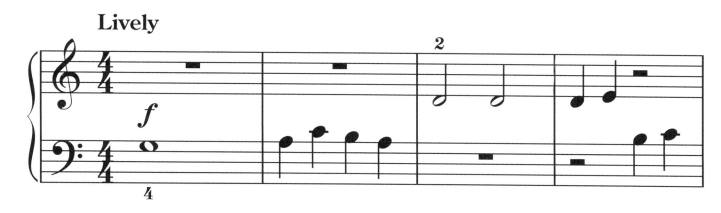

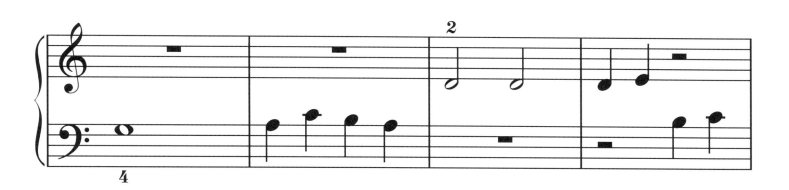

Any reproduction, adaptation or arrangement of this work in whole or in part
without the consent of the copyright owner constitutes an infingement of copyright.
©1981, 2011 Kjos West, San Diego, Calif.
Inter. Copyright secured. All rights reserved.

愛の夢
Liebestraum

フランツ・リスト
編曲：ジェームズ・バスティン

Andante

伴奏：

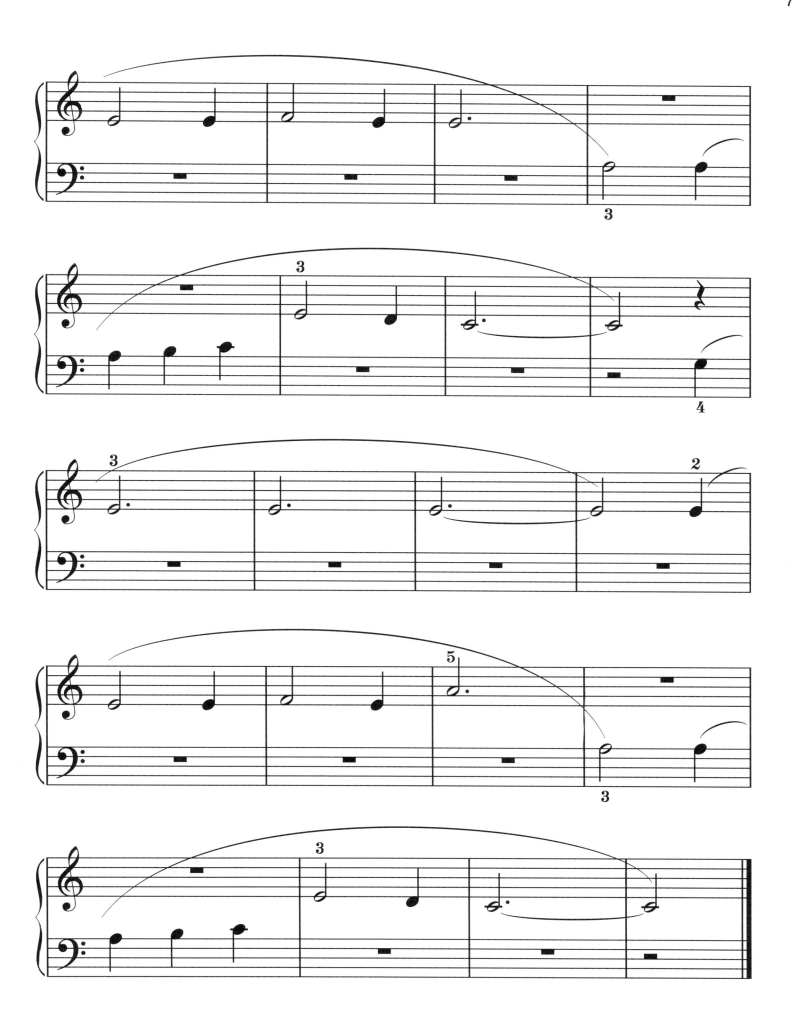

スランバー ソング
(オペラ『ヘンゼルとグレーテル』より)
Slumber Song (from the opera "Hansel and Gretel")

エンゲルバート・フンパーディング
編曲：ジェームズ・バスティン

交響曲第1番
Symphony No. 1

ヨハネス・ブラームス
編曲：ジェームズ・バスティン

メリー ウィドー ワルツ
（オペレッタ『メリー ウィドー』より）
Merry Widow Waltz (from the operetta "Marry Widow")

フランツ・レハール
編曲：ジェームズ・バスティン

Moderato

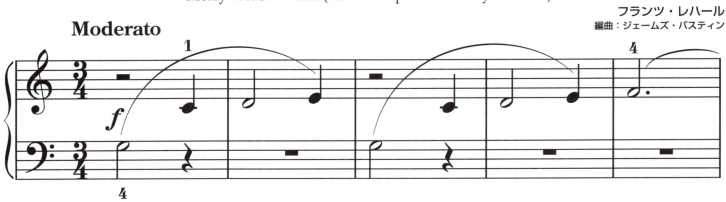

伴奏：生徒は１オクターブ高く弾きます。

別れの曲
Etude Theme

フレデリック・ショパン
編曲：ジェームズ・バスティン

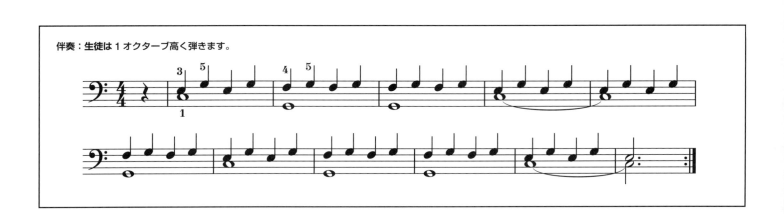

伴奏：生徒は1オクターブ高く弾きます。

ウィリアム テル序曲
William Tell Overture

ジョアキーノ・ロッシーニ
編曲：ジェームズ・バスティン

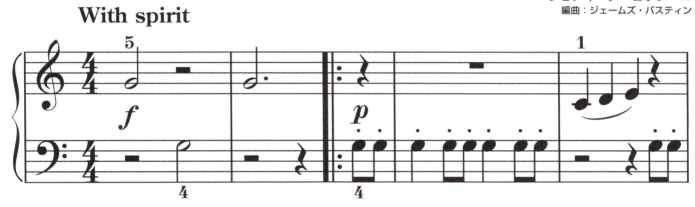
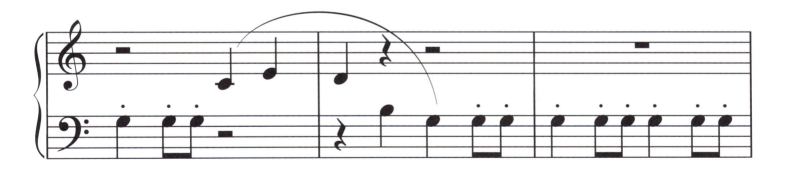
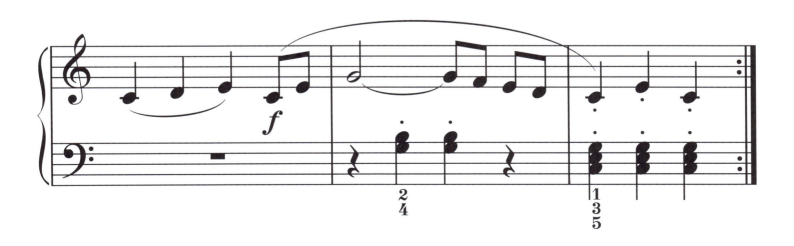

エジプトの踊り
(オペラ『サムソンとデリラ』より)
Egyptian Dance (from the opera "Samson and Delilah")

カミーユ・サン＝サーンス
編曲：ジェームズ・バスティン

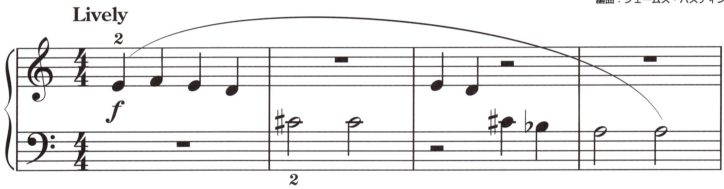

伴奏：

ト長調のメヌエット
Minuet in G

ヨハン・セバスチャン・バッハ
編曲：ジェームズ・バスティン

伴奏：生徒は1オクターブ高く弾きます。

びっくりシンフォニーのテーマ
Surprise Symphony

ヨーゼフ・ハイドン
編曲：ジェームズ・バスティン

トルコ行進曲
Turkish March (from "Ruins of Athens")

ルートヴィヒ・ヴァン・ベートーヴェン
編曲：ジェームズ・バスティン

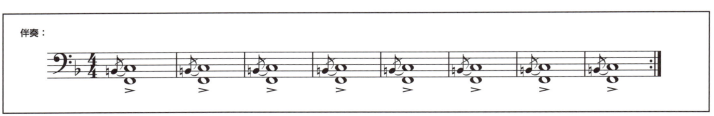

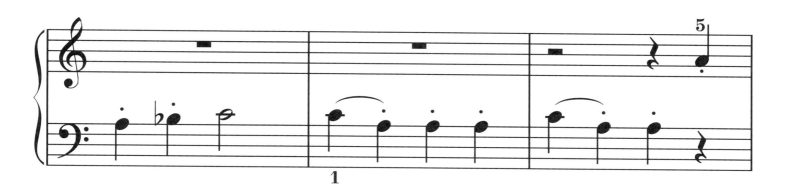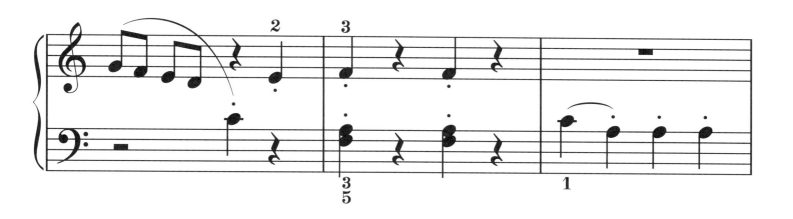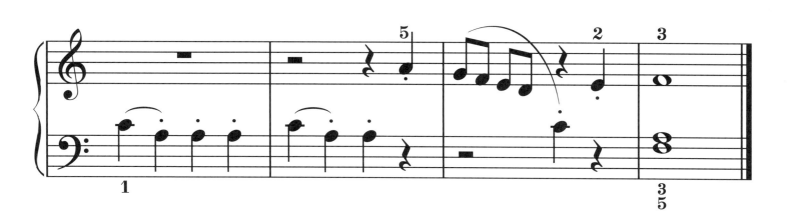

幻想即興曲
Fantasie-Impromptu

フレデリック・ショパン
編曲：ジェームズ・バスティン

婚礼の合唱
(オペラ『ローエングリン』より)
Bridal Chorus (from the opera "Lohengrin")

リヒャルト・ワーグナー
編曲：ジェームズ・バスティン

March tempo

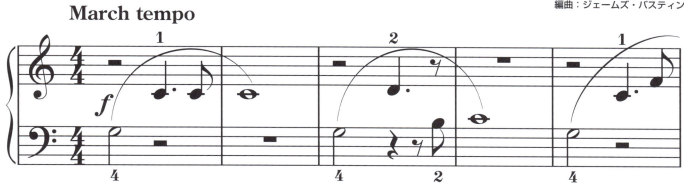

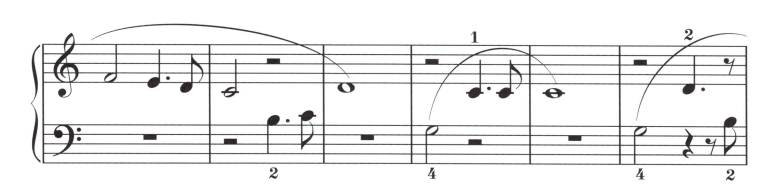

♩. ♪ のリズムは初めて出てきます。♩ ♩. ♪ などと数えながら弾きましょう。

歌の翼に
On Wings of Song

フェリックス・メンデルスゾーン
編曲：ジェームズ・バスティン

メロディ

Melody

アントン・ルービンシュタイン
編曲：ジェームズ・バスティン